Bhutan

༄༅། །སྡེ་བཞིའི་དཔལ་ལྡན་འབྲུག་རྒྱལ་མཆོག་དང་སྐྱོ་ཉེ་
ཚབ་འབངས་ཡོངས་ལ་ང་ཚོས་བཀྲ་ཤིས་བདེ་ལེགས་
ཞུ།

In Dankbarkeit für die Gastfreundschaft
der königlichen Familie
und des bhutanesischen Volkes

Glück und Segen allen Wesen

Bhutan

Königreich im Himalaya

Fotos von Ursula Markus-Gansser
und Augusto Gansser
Text von Blanche Christine Olschak

Atlantis

Gestaltung: Hannes Opitz
Redaktion: Robert Schnieper

Fotolithos: Hego AG, Littau/Luzern
Satz: beag druck ag, Emmenbrücke
Druck: Arti Grafichi Vincenzo Bona, Turin
Printed in Italy

ISBN 3-7611-0652-1

Vorsatz und Hintersatz: Die hier reproduzierten Fresken zeigen die Entstehung unseres, das heißt eines der unzähligen Weltsysteme. Bild eins ist das kosmische Mandala des «Beginns» durch die erste Bewegung im leeren Weltenraum, der noch frei von Form und Gestalt ist. Die Spirale im Zentrum – eine Urform des Hakenkreuzes der anfänglichen Bewegung – ist mehrdimensional aufzufassen und wird von den durch Regenbogenfarben symbolisierten, stürmischen Bewegungsringen der Urelemente umgeben (s. Text Seite 24f.).

Im zweiten Bild zeigen Würfel und Quadrate – sie sind in der zweidimensionalen, flächigen Darstellung, in der die räumliche Tiefe fehlt, durch Quadrate und Kreise wiedergegeben – den Fortschritt der Materialisation. Aus dem Zentrum des Mandalas wächst symbolisch der von Vögeln und Wolken umgebene Himmelsbaum.

Im dritten Bild (Hintersatz) nimmt der Baum deutlichere Formen an. Er trägt die Symbole himmlischer Welten und wird von aufstrebenden, wolkenbekränzten Berggipfeln flankiert. Bäche fließen, und erste Pflanzen sprießen.

Im Mandala von Bild vier erstarren die Formen bereits zum klassischen Bildstil der buddhistischen Kosmographie. Formen und Farben symbolisieren die verschiedenen Elemente beziehungsweise ihre Aggregatzustände. So bedeuten Gelb und kubische oder quadratische Formen feste Materie, die Erde. *Weiß oder Hellblau beziehungsweise fließende, runde Formen entsprechen dem* Wasser, *Rot und flammende, flackernde Formen dem* Feuer. *Diese Darstellung des ewigen Werdens, Seins und Vergehens wurde nach alten, längst vergessenen Texten in einer Bildsprache geschaffen, die in ihrem starren Formalismus bereits wieder unverständlich geworden ist.*

Frontispiz: Im Eingang des 1676 erbauten Tempels von Bjakar Dzong, in Bumthang, zeichnet sich die Silhouette eines Mönchs ab. Die Kapitelle der sich nach oben verjüngenden Holzpfeiler sind mit Lotosblumenranken in leuchtenden Regenbogenfarben bemalt, wie sie alle diese ohne jeden Nagel konstruierten Tempel-Fachwerkbauten schmücken.

Felsenklöster und Burgen

Padmasambhava, der Guru Rimpoché oder Kostbare Lehrer.

Nebelschwaden, die bald wie zarte Spitzenschleier wirken, bald sich zu absonderlichen Gestalten zusammenballen, ziehen über den Urwald des bhutanesischen Hochlands. Noch höher, rund achthundert Meter über dem Parotal in Westbhutan, schmiegt sich zwischen zottigen Himalayazedern ein Felsenkloster in die steil abfallende Wand: Taktshang, das «Tigernest»-Kloster. Und tatsächlich dürfte diese wilde Gegend das Reich der mächtigen Großkatze gewesen sein, bevor sie sich vor dem vordringenden Menschen in die undurchdringlichen Tieflanddschungel am Himalayafuß zurückzog.

Die Gründung von Taktshang geht auf das Jahr 747 n. Chr. zurück, als der tibetische buddhistische Missionar und Friedensstifter Padmasambhava das «südliche Land der Mön» von Osten nach Westen durchzog. Der «Lotosgeborene» wird von der Sekte der Alten, den Nyingmapa, als zweiter Buddha und «Kostbarster Lehrer» oder Guru Rimpoché verehrt. Auf seinem Zug begleitete ihn seine mystische Partnerin Yeshe Tshogyal, die tibetische «Fee der Weisheit», die in der Nähe, über Paro, ein Nonnenkloster gründete. Durch zahlreiche Umbauten und Erweiterungen in den nachfolgenden Jahrhunderten wuchs das «Tigernest» zu einem verwinkelten Komplex heran, dessen einzelne Bauten zum Teil nur durch steile Leitertreppen verbunden sind. Darüber erhebt sich ein neuerbauter Tempel, in dem die vier Weltenhüter Wache halten.

Von den Höhen des Taktshang geht der Blick über die fruchtbaren Reisfelder in der Ebene des Parotals hinweg. Am Südufer des Flusses befinden sich die niedrigen Bauten des Kyichu Lhakhang, der – mit dem Maitreya-Tempel von Bumthang – als ältestes Heiligtum des Landes verehrt wird. Von der Gründung durch tibetische Missionare des 7. Jahrhunderts zeugen noch Chörten in Stupaform im Tempelhof.

In der örtlichen Überlieferung gilt Guru Rimpoché auch als Erneuerer dieser Monumente, die seinen Zug von Osten nach Westen in den verschiedensten Größen markieren. Jeder Chörten ist in sich selbst Abbild und Symbol des buddhistischen Makro- und Mikrokosmos sowie gleichzeitig Reliquienschrein. Über einen stufenförmigen Sockel (die Erde) wölbt sich die runde Kuppel (das Wasser) gefolgt von den Stufen der Erleuchtung (dem Feuer), die vom schützenden Schirm der Luft überdeckt sind. Diesen krönt das Symbol von Sonne und Mond in Einem (Äther) als populärstes Zeichen für die Einheit der Gegensätze, die sich im buddhistischen Denken überall wiederfindet, in Tag und Nacht, Mann und Weib undsoweiter, immer mehrdimensional und auf allen Ebenen, im Stofflichen wie im Geistigen. Dabei stellen beispielsweise die fünf Elemente – Geist und Denkkraft sind immer dabei – eigentlich die Aggregatzustände dar: fest – Erde; flüssig – Wasser; sich verwandelnd – Feuer; gasförmig – Luft; geistig beziehungsweise frei von Form und Gestalt – Äther.

Nicht nur die Nyingmapa, die Sekte der Alten oder Rotmützen, auch andere Mahayana-Buddhisten, wie etwa die Angehörigen der Sakya-Sekte, ließen sich im Lauf der Jahrhunderte im Tal von Paro nieder. Zu Beginn des 13. Jahrhunderts kamen die ersten Dukpa-Mönche, die Anhänger der «Donnerdrachen»-Sekte, so nach ihrem südtibetischen Stammkloster Dukpa benannt. Diese Schule als Zweig des Mahayana-Buddhismus oder «Großen Fahrzeugs» sollte später zur Staatsreligion Bhutans werden. Ihr geistiger und weltlicher Führer, der sich im Verlauf der damaligen Religionskriege aus Südtibet absetzte, war Zhabdung I., auch einfach Dukpa Rimpoché genannt. Um 1616 zog er mit seinen Anhängern über die westlichen Pässe ins Land der Mön und wurde zum theokratischen Gründer und Herrscher des Staates Bhutan. Duk Yül, Land des Donnerdrachens, heißt dieser nach der Dukpa-Sekte in Tibetisch. Der heute international übliche Name Bhutan wurde erstmals von nordostindischen Reisenden geprägt und bedeutet Land der Bhuta oder Bhutia. Dieser Ausdruck für die Himalayastämme entspricht dem in Nordwestindien und Nepal üblichen Bhota oder Bhotia.

Zhabdung I. (1594–1651) wurde zu einer derart einigenden und schützenden Gestalt, daß man seinen Tod mehrere Jahre geheimhielt, um den Schutz seines Namens und seiner Autorität weiterhin nutzen zu können. Unter seiner Leitung entstanden die berühmten bhutanesischen Dzongs, Burgen, die heute noch das geistliche und administrative Zentrum in jedem der siebzehn Distrikte bilden. Sie erheben sich jeweils am strategisch wichtigsten Punkt des Tales – wie Paro Dzong –, mit nach oben sich verjüngenden Wehrmauern und dem weithin sichtbaren Tempelturm in der Mitte. Im

Buddhistische Triade mit dem mystischen Buddha Amitabha im Zentrum, flankiert von dem vierarmigen Bodhisattva Avalokiteshvara und Guru Rimpoché.

Westen des Parotals liegt Zhabdungs «Drachenburg», Dukgyal Dzong, heute eine ausgebrannte Ruine, die das Land gegen die Pässe von Tibet her sicherte.

Die einmalige Architektur paßt sich, ohne die Mutter Erde zu verletzen – was einer Entweihung gleichkäme –, immer den jeweiligen topographischen Bedingungen an: wuchtig im Tal wie Paro Dzong, stufenartig aus Felskuppen herauswachsend wie Wangdiphodang Dzong oder als Wasserburg wie die ehemalige königliche Winterresidenz Punakha Dzong am Zusammenfluß von Pho Chu und Mo Chu, «Vater»- und Mutter»-Fluß. Zum Sicherungssystem der Burgen gehörten meist auch Wachttürme auf umliegenden Höhen. Sie sind zum Teil noch erhalten, und im großen, restaurierten Rundturm über Paro Dzong befindet sich heute das bhutanesische Nationalmuseum mit einer reichen Sammlung bhutanesischer Kunst und Kunstgegenstände.

In der Regierungszeit des als Krieger und Sieger, Heiliger und Reformer, Burgen- und Tempelbauer verehrten Zhabdung gelang es – ein einmaliges Ereignis – zwei portugiesischen Padres, zu dem theokratischen Herrscher vorzudringen. Sie wurden als «Lamas aus dem Westen» begrüßt und geehrt und erhielten eine eigene kleine Kapelle. Ihre Bekehrungsversuche blieben allerdings erfolglos . . .

Als geheimnisvoll und abgeschlossen galt das Land des Donnerdrachens mit seinen schützenden und abschreckenden Bergriesen schon damals. Dennoch verbanden seit eh und je Karawanenstraßen Bhutan mit den umliegenden Ländern. So führte eine Route von Tibet durch das Chumbital nach Paro und von dort zu den indischen Märkten, wo die Waren des Nordens – Salz, Yakschwanzwedel, Moschus – verkauft oder gegen Edelsteine getauscht wurden. Über einen einzigartigen, südlich verlaufenden Ast der bekannten «Bernsteinstraßen» gelangte die Kunde von diesem «goldenen Edelstein» auch nach Bhutan. Und J.P. Tavernier, der zwischen 1631 und 1668 sechsmal den Fernen Osten bereiste, traf im Basar von Patna armenische Kaufleute, die Bernstein aus Danzig nach Bhutan eingeführt hatten und von der Enttäuschung des bhutanesischen Herrschers erzählten, als er vernehmen mußte, daß es unmöglich sei, für eine große Buddhastatue einen Riesenblock Bernstein zu beschaffen . . .

Seite 9, links: Besonders in der sommerlichen Monsunzeit ziehen nach den häufigen schweren Regenfällen dichte Wolken- und Nebelschwaden über den Hochwald der Berghänge hin.

Seite 9, rechts: Zwischen Flechtenbärten öffnet sich der Blick auf das Kloster Taktshang, das um 800 n. Chr. gegründete Tigernestkloster hoch über dem Parotal.

Seite 10: Unweit des Tigernestklosters klebt in der beinahe senkrechten Felswand eine Eremitenklause – Ort einsamster Meditation – neben einem gischtenden kleinen Wasserfall.

Seite 11: In der noch heute schwer zugänglichen Bergwelt – hier östlich von Lunana – verbinden uralte, immer wieder ausgebesserte Hängebrücken aus Lianen und Bambus die durch reißende Flüsse getrennten Siedlungen an den Berghängen.

Seite 12, links: Wangdiphodang Dzong, 1639 erbaut, thront als mächtige Burg über dem Zusammenfluß von Sankosh und Tang Chu.

Seite 12, rechts: Die Wasserburg Punakha Dzong wurde 1636/37 am Zusammenfluß von Mutter- und Vaterfluß – Mo Chu und Pho Chu – errichtet. Die berühmte Festung diente den alten Königen als Winterresidenz und wurde deshalb oft als Hauptstadt betrachtet.

Seite 13: Charakteristisch für die Landschaft Bhutans sind die Reisfelder in den Ebenen der hochgelegenen Flußtäler – hier im Tal von Paro mit dem 1646 erbauten gleichnamigen Dzong im Hintergrund. Reis gedeiht in Bhutan bis auf über 2500 Meter Höhe und bildet den seit Jahrhunderten sorgsam gepflegten Reichtum des Landes. Manche Hochlandregionen verdanken übrigens ihre erstaunliche Fruchtbarkeit – von der die mannshohen Stauden des Himalaya-Rhabarber oder kindskopfgroße «Radieschen» zeugen, höchstwahrscheinlich dem unterirdischen Vulkanismus, der sich auch in heißen Quellen äußert.

Seiten 14 und 15: Ein natürlicher und vielfältig genutzter Reichtum Bhutans ist auch der Bambus, der hier neben alpinen Nadelbäumen bis in beträchtliche Höhen hinauf vorkommt. Mit dem kurzen Dolch oder dem bhutanesischen Langschwert wird er zu feinsten Flechtarbeiten und langen, stabilen Hängebrücken verarbeitet. Die mit Bambusmatten seitlich gesicherten schwankenden Stege werden jedoch trotzdem mit gebührendem Abstand überquert.

Seite 16: Bhutanesische Mütter tragen ihre Kleinen – mit Webstreifen gesichert – häufig auf dem Rücken. Ein Blätterbüschel dient als Sonnenschutz für das Kind. Die Haare der Frauen sind ebenso kurz geschnitten wie jene der Männer, und an der Schulter leuchtet die Silberspange, die das unzugeschnittene Wickelgewand zusammenhält.

Seite 17: Zum Worfeln des Getreides benützen die Frauen flache, locker geflochtene Bambusschalen, während die Männer die gewaltigen Getreidegarben herantragen.

Seite 18: In einem luftigen, aus Bambusmatten erstellten Maisspeicher brechen zwei Bhutanesinnen die Körner aus den Kolben. Als Sonnenschutz tragen sie die im Süden üblichen, runden, flachen Bambushüte.

Seite 19: In Laya, auf rund 3800 Meter Höhe am Fuß des legendären Masang Kang, tragen die Frauen schwere, wasserabstoßend gewobene Mäntel aus Schaf-, Ziegen- und Yakwolle mit einem typischen Streifen-und-Kreuz-Muster. Daß sie trotz der beißenden Hochgebirgskälte das Mönpa genannte, spitzkegelig zulaufende Bambushütchen tragen, könnte auf die Herkunft aus südlicheren Regionen des Landes hinweisen.

Seite 20: Kinder in der Basarstraße von Thimphu, der bhutanesischen Hauptstadt. Das Mädchen im Bild rechts steht unter dem Rad des Gesetzes.

Das Land des Mahayana-Buddhismus

Mitten in der Hauptstadt Thimphu erhebt sich ein mächtiger, leuchtend weiß verputzter Chörten zu Ehren von König Jigme Dorje Wangchuck (1952–1972), dem Vater des modernen Bhutan. Der Innenraum wurde von Mönchsmalern mit religiösen Bildwerken ausgemalt. An einer Wand befindet sich das Bildnis eines Mönchs, das für diesen Band bei der Entstehung fotografiert wurde (Bild Seite 37). Die Gestalt mit erhobener Hand – der Geste der Debatte – stellt den indischen Meister der Dialektik Dignaga dar, der im 5. Jahrhundert als begnadeter Prediger die Lehren des Mahayana-Buddhismus verbreitete. Er gehört zum Kreis der berühmten Acht Weisen, «Die zwei Größten und die sechs Juwele (der Weisheit)» genannt. Sie erscheinen in der religiösen Malerei als geistige Väter des Mahayana-Buddhismus auf Fresken und Thankas, den klassischen Rollbildern, und zwar in der üblichen ikonographischen Komposition, in der sie allein oder zu zweit die zentrale Gestalt von Buddha Shakyamuni, dem Begründer der Lehre, flankieren. Der eine der beiden «Größten» ist Nagarjuna, der Ur-Guru des Mahayana-Buddhismus. Er soll die heiligen Schriften mit den Worten Buddhas im Reich der Nagas wiederentdeckt haben. Die Nagas erscheinen in der Mythologie sowohl als Drachenschlangen, die in tiefen Seen hausen, wie als «Drachenschlangenmenschen», die als scheue Bewohner des Tieflanddschungels präparierte Schlangenhäute als Kopf-, Nacken- und Schulterschutz tragen. Nagarjuna soll die heiligen Schriften der *Transzendenten Weisheit* übrigens von einer Nagaprinzessin erhalten haben.

Nach der tibetischen Tradition soll Nagarjuna vierhundert Jahre nach Buddhas Nirvana (486 v. Chr.) geboren und uralt geworden sein. Der Yogameister soll auch Abt der größten buddhistischen Klosteruniversität, Nalanda in Zentralindien, gewesen sein. Dort wurde seine Lehre von seinem Schüler Aryadeva weiterentwickelt, der meist als der zweite «Größte» dargestellt wird und der die Praxis der sechs Tugenden – bei voller Erkenntnis der Relativität aller Daseinsformen – predigte.

Eines der «Sechs Juwele», der im 5. Jahrhundert lebende Asanga, betonte besonders die Wichtigkeit des Yoga, des In-das-Joch-Spannens der geistigen und körper-

Nagarjuna

Aryadeva

Asanga

Vasubandhu

lichen Kräfte. Er erscheint oft ebenfalls als «Größter» neben Nagarjuna. Asangas Nachfolger als Abt von Nalanda war sein jüngerer Bruder, Vasubandhu, dessen bedeutendster Schüler dann eben Dignaga gewesen sein soll. Dieser lehrte insbesondere die Einheit der Gegensätze, jene Untrennbarkeit der absoluten und der relativen Wahrheit, wie sie auf ganz einfacher Ebene in allen Symbolpaaren zum Ausdruck kommt: Tag und Nacht, Sonne und Mond, Mann und Weib (in der berühmten Umschlingung der Vater-Mutter-Stellung), Glocke und Zepter gehören zusammen; und alle Daseinsfaktoren sind vergänglich, das heißt leer von absoluter Ewigkeit.

Dignagas Hauptschüler war Dharmakirti, und diesem folgten in der Reihe der führenden Weisen Gunaprabha und Shakyaprabha, die beiden «Ausgezeichneten», die

Dignaga

Dharmakirti

Gunaprabha

Shakyaprabha

«das Wohlsein der Vielen» und den «Segen der Vielen» predigten. Diese Gedanken sind ein tragendes Element der Lehre vom Großen Fahrzeug beziehungsweise des Mahayana-Buddhismus, der allen den Weg zeigt, geleitet von den Erleuchtungswesen oder Bodhisattvas, die in freiwilliger Wiedergeburt den leidgeplagten Menschen den Pfad ins Nirvana, die endliche Erlösung, weisen. Nur in ihrer Nachfolge gelingt es, sich aus dem Karma, dem aus den Folgen der Taten resultierenden, zwangsläufigen Schicksal der Wiedergeburten im Wirbel des Lebensrads, zu befreien ...

Seit der Annektion Tibets durch China ist Bhutan das einzige Land der Welt, in dem der Mahayana-Buddhismus Staatsreligion ist und mit den Erfordernissen und Veränderungen der Moderne konfrontiert wird. Dabei erweist sich diese tolerante

Philosophie als durchaus anpassungsfähig. Die althergebrachten Grundsätze und Erkenntnisse werden in einfachster Form und in verständlicher Sprache neu formuliert und in den traditionellen Blockdrucken neu herausgegeben. Es sind eher dringliche Empfehlungen als Gebote: Anweisungen, wie man selbst nicht zu Schaden kommt und gute Taten anzuhäufen vermag, denn nur die Summe der vergangenen und gegenwärtigen geistigen und körperlichen Taten bestimmt das eigene Schicksal.

Sechzehn allgemeine Regeln, die «Tugenden», fördern das Wohlergehen: 1. Vertraue auf Buddha, das religiöse Gesetz und die religiöse Gemeinschaft. 2. Setze die drei menschlichen Möglichkeiten – Denken, Sprechen, Handeln – richtig, das heißt in Einklang mit der Religion, ein. 3. Erweise deinen Eltern Respekt. 4. Achte alle, die erfahrener, älter und weiser sind. 5. Verbeuge dich vor allen, die älter sind und geistig hochstehen. 6. Sei ehrlich und anständig gegenüber Freunden und Verwandten. 7. Dein Lebenswandel nutze deinen Landsleuten. 8. Schau auf zu jenen, die ein gutes Beispiel geben. 9. Nutze Nahrung und Besitz ökonomisch und weise. 10. Vergelte Gutes mit Gutem. 11. Betrüge nie mit Maß und Gewicht. 12. Sei gerecht gegenüber jedermann. 13. Sei nie neidisch auf andere. 14. Höre nie auf böse Einflüsterungen. 15. Sprich höflich, klar und liebenswürdig. 16. Sei immer großzügig, tolerant und geduldig.

Diese über tausend Jahre alten Anweisungen für den Umgang mit seinen Mitmenschen finden sich in einem bhutanesischen Blockdruck des Jahres 1965. Möglicherweise liegt in dieser gelebten, uralten Volksweisheit einer der Gründe für jene «Heiterkeit der Seele», die die Gesichter der meisten Bhutanesen widerspiegeln und die letztlich Ziel allen buddhistischen Strebens ist.

Wie sehr der Pfad des Buddhismus auch ein Bilderweg ist, belegen die symbolischen Darstellungen der religiös-philosophischen Grundsätze. Sie sind bei jedem Tempelbesuch unübersehbar. Vielfach – so etwa im Haupttempel von Paro Dzong – flankieren riesige Fresken bereits das Portal (Vorsatzblatt, Bild 1). Da leuchtet das sogenannte kosmische Mandala und erinnert den modernen, fremden Besucher an die künstlerische Darstellung eines Atomaufbaus, mit Kern und kreisenden Elementarteil-

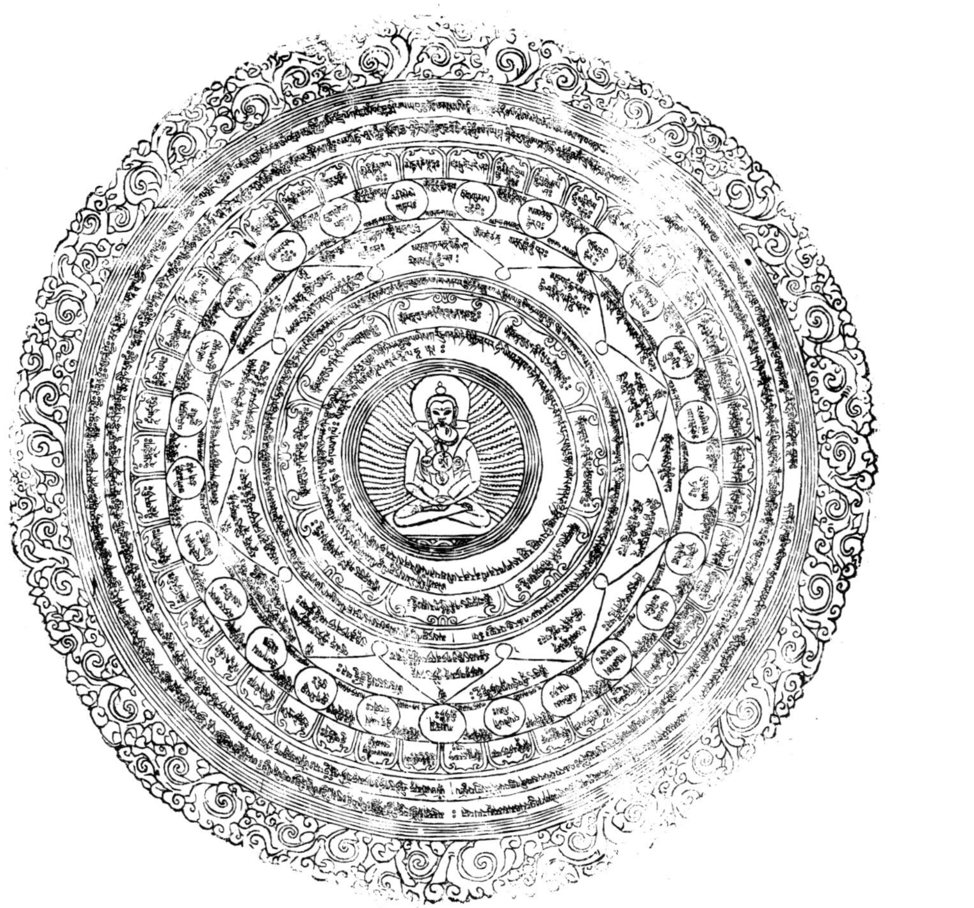

Schützende, kraftbringende Mantras in Mandalaform um den mystischen Buddha in Yab-Yum-, das heißt mit seiner mystischen Partnerin in Vater-Mutter-Stellung.

chen. Im Zentrum des weiten, noch leeren Weltenraums formt sich die Spirale der ersten Bewegung, während vielfältige Ringe die Bildung künftiger Elemente andeuten. Aus der wirbelnden Bewegung entsteht erste Materie auf einer zweidimensionalen Fläche – die jedoch mehrdimensional zu denken ist. Bestimmte Farben und Formen stehen für die verschiedenen Aggregatzustände: Gelb und quadratische beziehungsweise kubische Formen für feste Materie, die Erde; Weiß oder Hellblau und rund für Wasser; flammende, flackernde Formen und Rot für das Feuer; Grün für die Luft. Und alles bildet sich aus dem blauen Äther des formlosen Raums; entsprechend dem mikro- und makrokosmischen Konzept, das sich im Aufbau der Stupa-Chörten spiegelt (Seite 7f.). Es ist die bildhafte Schilderung ersten Werdens, das zu Sein und endlichem Vergehen führt und ausdrücklich nur eines der unzähligen Weltsysteme betrifft, die im unendlichen Raum entstehen.

«Und hier spinnen die Lamas!» hieß es verzweifelt in den Kommentaren erster westlicher Übersetzer, die noch in ihrem egozentrischen Weltbild befangen waren. Heute jedoch fühlen sich manche – oft gerade naturwissenschaftlich Geschulte – von diesem seltsamen Urbild ihres eigenen Wissens angesprochen. Worin diese frappierende Übereinstimmung gründet, ist nur andeutungsweise zu beantworten. Denn es handelt sich um uralte, über Jahrhunderte nur mündlich überlieferte Texte und Vorstellungen, die erst von einem der Acht Weisen, Vasubandhu, in seinen *Abhidharma*-Schriften festgehalten wurden und die man später, nach der Ausbreitung des Buddhismus in den Himalayaländern, Wort für Wort ins Tibetische übertrug. Auch im *Herz* und in der verkürzten Diamantausgabe der *Transzendenten Weisheit* wird in jedem Kapitel auf die Vergänglichkeit allen Seins aufmerksam gemacht und – wohl im Analogieschluß – auch das winzig kleinste, dem Auge nicht sichtbare Materieteilchen – tausendmal kleiner als ein Sandkörnchen – beschrieben, um dessen Kern die andern Teilchen wirbeln ... Stimmen versunkener Weisheit, unverändert weitergegeben und dennoch heute überraschend modern.

Weniger rätselhaft, ja von geradezu drastischer Bildhaftigkeit wirkt die andere Darstellung, die sich meist am Tempeleingang findet. Es ist das bekannte Lebensrad, das den Weg der Lebewesen in den Klauen des eigenen Schicksals als Frucht der eigenen Taten illustriert. Im Zentrum erscheinen Schlange, roter Hahn und schwarzes Schwein als Symbole für Haß, Gier und Unwissenheit im Sinn vorurteilsvollen Nichtwissen-Wollens. Es sind diese drei Gifte, die es vor allem zu vermeiden gilt. Diese sichtbare Warnung allein genügt schon, um den rechten Weg zu beschreiten und in einer der besseren Welten der Menschen, Titanen oder gar Götter wiedergeboren zu werden. Denn die bösen Kräfte von Haß, Gier und Unwissenheit führen unweigerlich in die Welten der Tiere, der Monstren oder der Hölle. In der Hölle herrscht der

Darstellung der mystischen Kraft des alles Böse bannenden und symbolisch festnagelnden Phurbu oder Zeremonialdolchs.

alte, vom Hinduismus übernommene Totengott Yama, und zwar nicht als Richter, sondern als Überwinder des Todes, der ohne zu werten die schwarzen und die weißen Taten gegeneinander abwägt, auf daß man erfahre, welches Schicksal man sich selbst «er-lebt» hat.

Diese Bilder ermahnen jeden, den Tempel Buddhas nicht gedankenlos zu betreten, sondern sich zuerst auf die Vergänglichkeit aller Daseinsfaktoren zu besinnen und sich bewußt zu werden, daß man selbst für sein Schicksal verantwortlich ist. Daß man aber auch – dank des eingeborenen göttlichen Funkens oder wie immer man diese Gnade nennen will – durch eigene Willenskraft die Entscheidung beeinflussen und schwarze durch gute Taten tilgen kann ...

Und weil dieser geheimnisvolle göttliche Funken – das «potentielle Nirvana» – jedem Menschen innewohnt, gilt es denn auch als Glück, als Mensch geboren zu werden. Daß diese oft überschattete und verkrustete Kraft durch eigene Anstrengung wieder zum Leuchten gebracht werden kann, das ist die eigentliche Botschaft des Buddhismus, die für jeden und alle bestimmt ist.

Ein weiteres Symbol, das sich jeweils in der großen Vorhalle der Tempel befindet, ist jenes der tausend Buddhas, die in tausend Epochen erscheinen, um immer wieder dieselbe große Wahrheit in zeitgemäßen Worten zu verkünden. Ihre Abgesandten sind ihre «geistigen Söhne», die Bodhisattvas, Erleuchtungswesen der himmlischen Sphäre, in himmlischem Schmuck dargestellt und in ihren irdischen Wiedergeburten für das Wohl der Menschheit tätig.

Da alle buddhistischen Sekten sich in den religiös-philosophischen Grundwerten einig sind, gibt es heute kaum mehr Auseinandersetzungen unter den verschiedenen Schulen, die sich in vergangenen Jahrhunderten oft blutig bekämpft hatten. Der Vielfalt menschlichen Naturells entspricht die Vielfalt der Wege, die zum selben Ziel führen. Immer wieder ersteht ein großer Lama, der daran erinnert und menschlich verständliche Streitereien zwischen den Schulen schlichtet und sie wieder auf den richtigen Pfad zum Endziel führt.

Seite 29: Die große Zahl jüngster Novizen zeugt von der lebendigen Tradition des Klosterlebens in Bhutan.

Seite 30: Bei Gebets- und Opferzeremonien im Tempel beeindrucken die mächtigen Klostertrompeten oder Langhörner – hier im Tempel von Bumthang – und die langen Reihen von Butterlampen auf den Altären – im Bild im Tempel von Paro Dzong.

Seite 31: Ein Lama in Pharo Dzong liest die heiligen Schriften, die in den charakteristischen querformatigen Blockdrucken vor ihm liegen. Seine rituellen Gegenstände sind Glocke und Zepter, eines der populärsten Symbole für die Einheit der Gegensätze, welche eines der Hauptziele buddhistischen Denkens ist. Das Zepter liegt hier auf dem Tischchen, vor dem Krug mit dem geweihten Wasser.

Seite 32, links: Mönche tragen manchmal einen langen Spitzbart, wie ihn schon Zhabdung I., der theokratische Gründer Bhutans, besessen haben dürfte, der in jüngeren Jahren als «Blaubart» und später als «Weißbart» berühmt war.

Seite 32, rechts: Zu den wichtigen Utensilien der Mönche gehört auch das tragbare Weihrauchgefäß aus Bronze oder vergoldetem Silber.

Seite 33: Dieser Lama der Nyingmapa-Sekte trägt nach dem Vorbild des Wundertäters Thangtong Gyalpo (1385–1464), der die ersten Eisenkettenbrücken Tibets und Bhutans konstruierte, die traditionelle Yakhaarperücke. Er sitzt im Bergkloster Towada, das nördlich von Bumthang über einem Abgrund thront, in seinem Meditationserker, und zwar unter einem Banner, das Gesar, den Helden der zentralasiatischen Saga, in vollem Waffenschmuck hoch zu Roß zeigt.

Seiten 34 und 35: Die Silberschmiedekunst gehört zum traditionellen bhutanesischen Kunsthandwerk, das weitherum für schönsten Schmuck und beste Langschwerter bekannt ist.

Seite 36, links: Die Nationaltracht der Bhutanesen wird aus bunten Webstreifen gefertigt, die aus Wolle, eingeführter Baumwolle oder der im Südosten erzeugten Rohseide gewoben werden. Neben Streifenmustern weben die Bhutanesinnen auch Blumenmotive in die Stoffe ein.

Seite 36, rechts: Sticken und Applizieren sind Männerarbeit.

Seite 37: Ein Mönch beim Ausmalen des zu Ehren von König Jigme Dorje Wangchuck in Thimphu erbauten Chörten. Hier skizziert er die Figur des Dialektikers Dignaga, der im 5. Jahrhundert predigte, in der Geste der Debatte, die durch die erhobene Hand symbolisiert wird.

Seiten 38 und 39: Zum Bemalen von Thankas oder Bannern wird der Stoff – meist Leinwand, seltener auch Seide – in einen Holzrahmen gespannt und grundiert. Dann entwirft man in zarten Linien das Grundmuster: im Bild ein von Lotosblättern gerahmtes Mandala über einem doppelten Donnerkreuz. In langwieriger Arbeit hergestellte Naturfarben benutzt man auch heute noch, obschon sie immer mehr von modernen Produkten verdrängt werden.

Seite 40: Das Bedrucken der Gebetsfahnen erfolgt häufig auf den Balkonen der Klöster. Dabei wird der Holzschnitt-Druckstock mit Filzrollern eingefärbt, der Fahnenstoff aufgelegt und mit dem Preßroller abgerieben. Und schon ist die Gebetsfahne bereit, ihre Glückwünsche in alle Winde zu verbreiten.

Am Fuß der Gletscherriesen

Wie viele andere Schöpfungsmythen stimmen auch jene der tibeto-burmesischen Sprachfamilie, zu der die Bhutanesen zählen, in verblüffender Weise mit erwiesenen erdgeschichtlichen Ereignissen überein und widersprechen auch den naturwissenschaftlichen Theorien über die Entstehung des Universums keineswegs. So wird erzählt, daß das Land im Anfang unzählige Millionen von Jahren – in andern Quellen werden Zahlen mit einundfünfzig Nullen erwähnt – mit Wasser bedeckt gewesen sei. Dies entspricht auffallend jenem Mittelmeer des Erdaltertums, das nach der griechischen Göttin Tethys, der Gattin des Okeanos, benannt wurde, aus dem sich im Tertiär die großen Faltengebirge wie die Alpen und eben der Himalaya auftürmten.

In den tibetischen Mythen, die wir nur aus kurzen Zitaten kennen, heißt es, daß sich die Wasser zurückzogen und nur noch die berühmten Türkisseen an sie erinnern. Zu ihnen zählen der Yamdog Tsho südlich von Lhasa und der Himmelssee, Nam Tsho oder Tengri Nor, nördlich der tibetischen Hauptstadt. Die nach Norden wandernde Platte des Indischen Subkontinents läßt übrigens die Auffaltung der Himalayaketten andauern – bis zu einem Zentimeter jährlich. Es ist deshalb durchaus im Bereich des Möglichen, daß die durch die relativ rasche Hebung verursachten klimatischen Veränderungen sich in den zum Teil erstaunlich exakten Beschreibungen der alten Legenden widerspiegeln.

Topographisch liegt nur ein schmaler Streifen Bhutans, an der Südgrenze zu Indien, im Bereich des unter 200 Meter hohen Terai-Tieflandes. In diesem tropisch üppigen Gebiet finden sich vor allem im Westen Teeplantagen, während der Urwald im Osten, wo der mächtige Manas dem Brahmaputra entgegenfließt, noch weitgehend unberührtes Ziel von Elefantensafaris ist.

Abrupt erheben sich aus dem schmalen Teraistreifen die mächtigen Bergketten des östlichen Himalaya. Die Reise vom Grenzort Puntsholing in die Hauptstadt Thimphu dauerte früher, als das Land nur zu Fuß oder zu Pferd erreicht werden konnte, ganze acht Tage und führte über unwegsame, steile Gebirgspfade. Heute benötigt man für die Fahrt auf der neugebauten Serpentinenstraße kaum einen Tag. Im Norden bildet die Wasserscheide die Grenze zu Tibet; nur im Nordosten erstrecken sich die Täler des Manas und seiner Zuflüsse bis auf tibetisches Gebiet. Zwischen den bis 7000 Meter hohen Gletscherriesen Nordwestbhutans führen nur wenige Fußpfade, sogenannte Einmannpässe, über die Grenze. Bedeutendste Karawanenstraße nach Zentralasien war seit jeher die Route über den Lotospaß, den Peme La an der Westgrenze, die vom obersten, tibetischen Chumbital über Paro nach Indien führte.

Die Gebirge an der Nordgrenze sind nicht nur eine politische, sondern auch eine klimatische Grenze, die das trockene, felsige und holzarme tibetische Hochland im Regenschatten der Berge vom «Paradies des Südens» trennt, dem «Land der Sandelholzwälder und kostbaren Heilkräuter», wie Bhutan in alten Quellen genannt wird. Die Monsunregen von Mai bis September sind für die Fruchtbarkeit Bhutans verantwortlich, wo Reis bis in Höhen über 2500 Meter gedeiht und wo der Bambus zwischen Nadelhölzern und Rhododendren oft bis fast an die herabstoßenden Gletscherzungen heranreicht. Das eigentliche Hochgebirge erstreckt sich in Bhutan über 250 Kilometer vom Chomolhari im Westen über den Kula Gangri bis zum Garula Kang im Osten. Die über 7000 Meter hohen, vergletscherten Gipfel tragen meist poetische Namen mit zum Teil mythologischer Bedeutung.

Der «Weiße Gletscher der drei geistigen Brüder» ist der 7550 Meter hohe Kangkar Pünsum; mit den «Brüdern» sind die ursprünglichen Mönpa, die Bhutanesen und die Tibeter, gemeint. Hier entspringt der mächtige Mangde Chu, der Zentralbhutan von Norden nach Süden durchfließt und sich nahe der Grenze mit dem Manas vereinigt. Der 7200 Meter hohe Masang Kang erhebt sich an der Nordwestgrenze, er trägt den stolzen Namen eines der tibetischen Urvölker. Und zugleich ist er seit der Zeit animistischer Glaubensformen einer der Stammväter selbst, der jetzt als Gletscherriese über seine Nachkommen wacht: die Leute von Laya, die zu seinen Füßen wohnen.

Der mit 7320 Metern höchste Gipfel an der Westgrenze, der Chomolhari (auch Chomo Lhari geschrieben) heißt eigentlich Jo-mo lHa-ri, «Große Herrin des Götterbergs». Und auch sie gilt dem Volksglauben noch heute als belebt, was nicht nur die

Druckstock für ein buddhistisches Banner: Im Zentrum das Windpferd mit dem glückverheißenden Wunschjuwel, umgeben von den Symboltieren der vier Weltgegenden – dem Vogel Garuda, mit der Schlange im Schnabel, im Westen, dem Drachen im Osten, dem Schneelöwen im Norden und dem Tiger im Süden. Dazwischen sieht man die acht Glückssymbole: die Lotosblume, die Fische, den Schirm, das buddhistische Rundbanner, die Vase mit Lebenswasser und das Muschelhorn. Der Text besteht aus glückverheißenden Formeln.

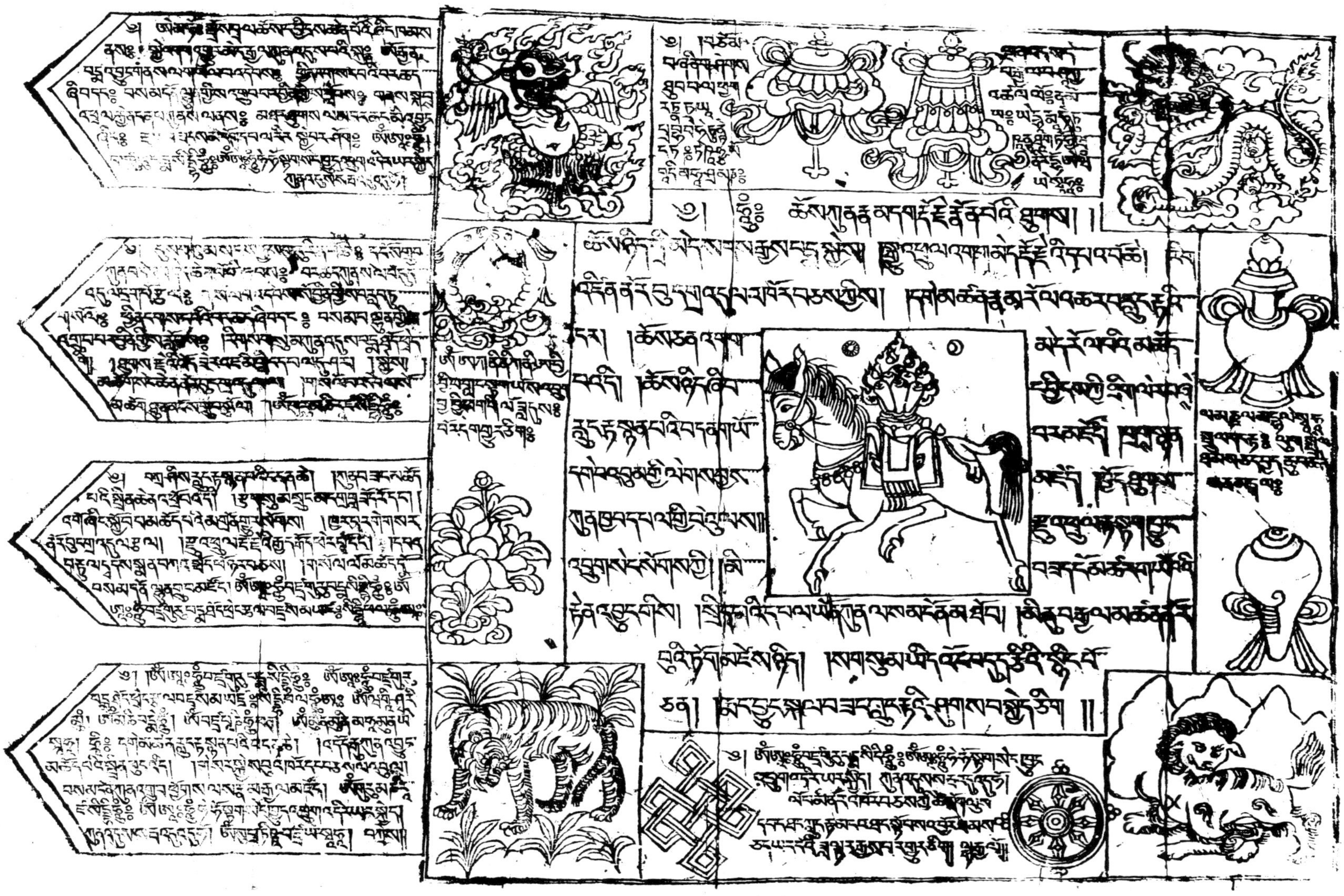

Überlieferung, sondern auch eine moderne bergsteigerische Episode belegt. Die «Herrin des Götterbergs» ist der einzige Gletscherriese Bhutans, der je bestiegen wurde, alle andern Göttersitze sind noch «jungfräulich». 1937 bestieg eine Seilschaft mit F. Spencer-Chapman und Pasang Dawa Lama den Hauptgipfel des Grenzbergs über die Südsüdwestflanke. Dabei kam es beinahe zu einer Katastrophe, und der Abstieg erfolgte unter schwersten Schlechtwettereinbrüchen. Obschon Tibeter und Bhutanesen davor warnten, die «Göttin» zu beleidigen, bestieg 1970 eine indisch-bhutanesische Seilschaft den heiligen Berg. Allerdings führten sie zur Besänftigung der «Göttin» eine geweihte Buddhastatue mit. Der heilige Gipfel wurde denn auch glücklich erreicht; der Bhutanese blieb jedoch hundert Meter unterhalb zurück und wartete im Eis auf seine Kameraden, da er es nicht über sich brachte, die Göttin mit Füßen zu treten ... Trotzdem hat sich die Göttin gerächt: Eine zweite Bergsteigergruppe, welche der ersten gefolgt war, kehrte nie zurück.

Der Schweizer Augusto Gansser hat zwischen 1963 und 1977 in fünf geologischen Expeditionen die nördlichen Hochgebirge entlang der tibetischen Grenze erforscht. Nach ihm gliedert sich Bhutan topographisch in den bereits erwähnten Teraistreifen, aus dem die Himalayavorberge abrupt auf lokal bis 4000 Meter Höhe aufsteigen. Sie sind an der Südseite von tropischem Urwald bedeckt und nur spärlich besiedelt. Gegen Norden gehen sie in das zentrale Hochland über. In diesem zwischen 1500 und 3000 Meter hohen Bereich lebt der größte Teil der Bevölkerung. Nördlich des mittleren Hochlands steigt das Relief erneut an; an den Südhängen gehen die mit Bambus vermischten Nadelholzwälder erst auf knapp 4000 Metern in Wacholder über, an den Nordseiten enden sie tiefer in einem dichten Rhododendrengestrüpp. Nun folgt alpines Grasland, die Domäne der Yaks. Die Schneegrenze liegt durchschnittlich auf 5000 Metern, während Gletscherzungen oft bis auf 4200 Meter herabreichen.

Diese gewaltige Landschaft – auch auf mittleren Höhen beeindruckend genug – bezaubert durch das Nebeneinander alpiner und subtropischer bis tropischer Pflanzen-

Die fünfunddreißig Buddhas der Sündenvergebung: in ihrer Mitte der Buddha Shakyamuni, flankiert von seinen beiden Lieblingsschülern.

formen. Zwischen Bambus stehen mächtige Himalayazedern, von deren Ästen leuchtende Orchideen herabhängen. Im Frühjahr blühen Magnolien im noch winterlich kahlen Mischwald. In Punakha, auf 1300 Meter Höhe, gedeihen Zitrusfrüchte, und im Parotal reichen die Reisfelder an den terrassierten Hügeln bis auf 2500 Meter Höhe hinauf. Im Osten finden sich Lackbäume, und im Südosten ist die Seidenzucht seit Jahrhunderten beheimatet. Von ihrem Erfolg zeugen die wunderschönen Webstreifen aus einheimischer Rohseide.

In der Zeitschrift «Die Alpen» beschrieb Augusto Gansser kürzlich seine Erlebnisse in den entlegensten Hochtälern Nordbhutans, die er als einer der ganz wenigen Europäer bereist und erforscht hatte. Wir zitieren hier einen Auszug über den Hochlanddistrikt Lunana, in dessen zwei Haupttälern die Quelläste des berühmten Pho Chu, des «Vater»-Flusses, entspringen. Der Distrikt ist nur über 5000 Meter hohe Pässe zugänglich; sind diese verschneit, ist Lunana vollständig von der Umwelt abgeschnitten.

«Wegen der Abgeschiedenheit inmitten der Gletscherberge haben sich im Gedankengut der spärlichen Bevölkerung alte Legenden erhalten, die – nur mündlich überliefert – jetzt noch das Leben der gegen schwierigste Verhältnisse ankämpfenden Bauern und Yakzüchter stark beeinflussen: Meine zwei sonst so gesprächigen Begleiter in Ostlunana verstummen plötzlich, wie wir uns der gewaltigen Südwand des 7100 Meter hohen Zongophu Kang nähern. Zwischen der hohen Moräne und der Felswand liegt ein tiefer, dunkelblaugrüner See. Oben, im düsteren Nebel, lassen sich wilde Hängegletscher erkennen. Die beklemmende Stille wird nur hie und da durch herabfallende Blöcke oder durch das unheimliche Donnern einer Eislawine aus den umliegenden steilen Gletschern unterbrochen. Durch die spiegelglatte Fläche des Sees sieht man die Moräne abrupt in die dunkle Tiefe verschwinden. In der Felswand hinter dem See liegt eine schwarze Höhle. Doch wegen des ängstlichen Gebarens meiner Begleiter verzichte ich darauf, sie zu besuchen. Tatsächlich scheint etwas Unheimliches auf diesem Ort zu lasten. Hoch oben in den Wänden hört man eine geisterhafte Musik, die an das Singen von sandgeladenem Wüstenwind an Felswänden erinnert ...»

Die tantrische Schutzgottheit Vajrapani in ihrer grimmigen Manifestation, als Donnerkeilträger mit Tigerfell-Lendenschurz.

Abends, im Lager, kommt allmählich ein Gespräch über den eigenartigen See in Gang: «Es wohnt dort einer der sieben bösen Geister von Lunana. Vor langer Zeit wanderten diese sieben Geister, nachdem sie in Tibet besiegt worden waren, über die Gletscher in die abgelegenen Täler Lunanas. Die mächtigsten unter ihnen sind Parep und Nidupgelzen im spärlichen Wacholderwald beim kleinen Choso Dzong, dem abgelegensten Dzong Bhutans. Die Geister lieben diese höchsten Gebirgswälder, und wehe dem, der hier einen Baum fällen würde. Die bösen Geister werden auch für die katastrophalen Fluten verantwortlich gemacht, die durch den Ausbruch von Gletscherseen entstehen. Im Westen wird die Lunana-Gruppe durch den etwa 7200 Meter hohen Teri Kang dominiert. Hier, im westlichen Einzugsgebiet des Pho Chu, ist vor über dreißig Jahren ein Gletschersee ausgebrochen. Die durch Eisfall eines überliegenden Gletschers erzeugte Flutwelle hat den Moränendamm zerstört, und die Fluten rissen weit unten im Tal Brücken und einen Teil des Punakha Dzongs weg . . .»

Die geologische Erforschung dieser Hochgebirgsregionen kann nicht zuletzt dazu beitragen, die Ursachen solcher Katastrophen frühzeitig zu erkennen und neue durch geeignete Maßnahmen rechtzeitig zu verhindern.

Seite 49, links: Chörten Kora, in Ostbhutan nördlich von Tashigang gelegen, ist die größte Stupa des Landes. Auf dem quadratischen Stufensockel, der die Erde symbolisiert, wölbt sich die mächtige Rundkuppel des Wassers, überhöht von den Erleuchtungsstufen des Feuers. Diese überdeckt der symbolische Schirm der Luft, auf dem das Symbol von Sonne und Mond in Einem, der Äther, sitzt. Das weithin leuchtende Monument des Mikro- und Makrokosmos birgt geweihte Reliquien und heilige Schriftrollen. Nach örtlichen Legenden ließ Padmasambhava auf seiner Missionsreise im Jahr 747 n. Chr. die ersten dieser Heiligtümer errichten, die seinen Weg von Osten nach Westen nachzeichnen.

Seite 49, rechts: Wie schon zu Zeiten des Lotosgeborenen ist auch heute noch Kampieren in den unwirtlichen Bergwäldern – hier am Fuß des 7000 Meter hohen Kang Cheda – ein mühseliges Unterfangen.

Seite 50: In majestätischer Einsamkeit dräuen die vergletscherten Gipfel an der Nordgrenze, wie hier im Lunanatal in Ostbhutan, wo der Pho Chu entspringt. Charakteristisch für die kleinen Chörten Bhutans ist die quadratische Stelenform; der hier abgebildete gehört zur höchstgelegenen und einsamsten Tempelburg des Landes, dem Chǫso Dzong.

Seite 51: Am Fuß des Chomolhari, der «Herrin der Götterberge», zeugt die Ruine eines Wehrturms vom Abwehrkampf gegen Eindringlinge aus Tibet.

Seite 52: Schwerbeladene Yaks – die domestizierte Form dieser imponierenden Hochlandrinder – ziehen auf dem 5300 Meter hohen Gophu La, dem Paß zwischen Lunana und Bumthang, dem smaragdblauen Gletschersee entlang.

Seite 53: Ein alter Bhutanese aus Thanza im Distrikt Lunana, der höchstgelegenen Siedlung des Landes. Die berühmte «Heiterkeit der Seele» findet sich auch auf den Zügen dieses Bergbauern und Yakhirten.

Seiten 54 und 55: Die Wunder der bhutanesischen Hochgebirgswelt haben sich erst wenigen erschlossen: Rauhreif verzaubert Rhododendren, bemooste Felsen und Mani-Steinhaufen, aus denen Äste mit vereisten Gebetsfahnen ragen. Die Saussureablume (unten links) schützt sich – auf 4500 Meter Höhe – durch einen flaumigen Winterpelz.
Der Kangkar Pünsum oder «Gletscher der drei geistigen Brüder» – Symbol der Verbundenheit der Tibeter, Bhutanesen und Mönpa – ist mit seinen 7550 Metern der höchste Berg Bhutans. Rechts im Bild ist der Hauptgipfel – über der Westwand – zu sehen.

Seite 56: Die bhutanesische Nordgrenze verläuft entlang der Wasserscheide der Gletscherriesen. Der östlichste und unbekannteste dieser Himalayagipfel ist der 6500 Meter hohe Garula Kang. Hier reichen die Bergwälder mit ihren Himalayazedern bis auf 4100 Meter Höhe, während die Gletscherzungen bis in den dichten Rhododendrendschungel hinabstoßen.

Seite 57, links: In dem von einer dünnen Eisschicht bedeckten See auf dem rund 5000 Meter hohen Wagye La, einem Paß nach Tibet, spiegeln sich die schroffen Gipfel der Tsenda-Kang-Gruppe.

Seite 57, rechts: Erster Schnee liegt auf den kargen Matten um einen stillen See im Gebiet des Zakar-Passes in Nordostbhutan.

Seiten 58 und 59: Blick auf die Nordseite der rund 7000 Meter hohen Tsenda-Kang-Gruppe, die wildeste und noch kaum erforschte Gebirgskette Nordbhutans. Links im Bild der vergletscherte Hauptgipfel.

Seite 60: Dieser smaragdblaue See in den Granitbergen des nördlichen Lunana-Distrikts wird von den Einheimischen ängstlich gemieden, da in ihm ein böser Geist hausen soll.

Die Magie des Tanzes in Bhutan

Zur Tradition aller lamaistischen Klöster gehören – wie einst in Tibet – heute noch in Ladakh und vereinzelt auch in Sikkim großartige Mysterienspiele. Doch nirgends ist die Magie des Tanzes und der Tanzspiele derart beeindruckend wie in Bhutan, sind sie doch hier nicht nur außerordentlich rein erhalten, sondern auch ein Teil des Volkslebens. Nach – bis jetzt im Westen unbekannten – örtlichen Legenden und alten Blockdrucken gilt Padmasambhava in seiner Manifestation als Guru Rimpoché als Begründer dieser Mysterien- und Maskentänze, zu denen hier in Bhutan noch faszinierende, archaisch wirkende Laientänze hinzukommen. Das größte Fest im Jahreslauf ist der Geburtstag von Guru Rimpoché – nach dem Mondkalender Ende März oder im April –, der in Paro mit Mysterienspielen und Rittertänzen auf dem großen Platz unter der riesigen Thanka an der Tempelwand gefeiert wird.

Uddyana, am Swat-Fluß im heutigen Nordwestpakistan gelegen, war die geheimnisvolle Heimat der großen Tantriker und Wunderwirker. Von dort stammte Padmasambhava, der Lotosgeborene, der als Pämajungnä in Tibet größte Berühmtheit erlangte. Er war der große Bekehrer, der es verstand, die feindlichen geistigen Kräfte zu bändigen und sie in den Dienst der neuen Religion einzuspannen. Lokale Dämonen und grimmige Götter band er durch den Eid und verpflichtete sie, von nun an nur mehr dem Buddhismus zu dienen. Diese in unzähligen Legenden geschilderte Macht des Lotosgeborenen kann auch als weise Religionspolitik verstanden werden, bewahrte sie doch dem Volk die gewohnten Gestalten des bisherigen schamanistischen Bönglaubens und machte sie durch ihre neue Funktion als Beschützer des Guten noch kostbarer. Das grimmige Aussehen und die fürchterlichen Waffen, jetzt symbolisch im Kampf gegen das Böse eingesetzt, wirkten nun geradezu beruhigend.

Diesen gigantischen Kampf der Dämonenbezwingung und deren Umwandlung in Schutzgötter feiert der rituelle Maskentanz: ein Ritus, der die uralte Magie des Tanzes und der Maskenkunst in den Dienst der neuen Religion stellt, um dem staunenden Volk die Bekämpfung alles Bösen und den Sieg des Guten vor Augen zu führen. Der Lotosgeborene, der auf so vielfältige Weise das Alte dem Neuen dienstbar machte, wurde in der Folge wie ein zweiter Buddha verehrt und Guru Rimpoché, «Kostbarer Lehrer», genannt. Unter diesem Titel ist er in Bhutan bekannt, das er ums Jahr 800 bekehrend und befriedend von Osten nach Westen durchzog. Im Osten des Mönlandes, wie Bhutan damals hieß, in Bumthang, erzählen Barden diesen Zug lebhaft ausgeschmückt und mit der Tradition der rituellen Tänze verknüpft.

So soll es zu einem dramatischen Treffen zwischen Guru Rimpoché und den noch feindlich gesinnten alten Göttern gekommen sein. Um sie mit List herbeizuzwingen, veranstaltete der Dämonenbezwinger ein märchenhaftes Tanz- und Maskenspiel, in dem er selber in seinen acht Manifestationen auftrat und in acht Tänzen den ganzen Zauber magischer Verwandlungskunst spielen ließ. Da eilten sie alle herbei, auch der oberste der feindlichen Götter. Doch diesmal kam dieses «Weißleuchtende Kristallskelett» in der Gestalt eines Löwen. Guru Rimpoché erkannte die Gefahr und wußte, daß jener die Lebenskräfte des Sindhu Raja geraubt hatte. Deshalb verwandelte er sich in den Urvogel Khyung (Garuda). So näherte er sich, schnabel- und krallenbewehrt, im Sturzflug dem feindlichen Dämon, krallte sich im Flugtanz im Löwennacken fest und riß Lebensodem und Blutgeist des kranken Königs an sich.

Bei diesen Traditionen fließen immer zwei Ebenen des Bewußtseins und der geistigen Vorstellung zusammen; einerseits der religiös-symbolische Gehalt und andererseits eine aktualisierte Form, legendäre Geschichte, die im rituellen Maskentanz nachgespielt wird. Und jeder kann das Geschehen so verstehen, wie es seinem eigenen Bewußtseinsstadium entspricht: abstrakt und symbolisch, als «Erzählung» oder ganz einfach «wirklich». Alles liegt in diesen Traditionen, eben auch alle Möglichkeiten und Deutungen auf allen Ebenen. Die oben geschilderte Begegnung ist nur *eine* Auslegung, die die Einführung der rituellen Tänze in Bumthang mit dem Kampf gegen die Dämonen begründet.

Genauso wie bei dieser Dämonenbekehrung selbst wurden auch dabei älteste vorbuddhistische Überlieferungen der Tanz- und Maskenkunst in den Dienst der neuen Religion gestellt. Sie wurden direkt und offen, sozusagen durch die Vordertür,

Der Bodhisattva der Barmherzigkeit, Avalokiteshvara, in seiner vierhändigen Form mit Lotosblüte und Rosenkranz, flankiert von Manjushri und Vajrapani: eine buddhistische Triade als Symbol für Mitleid, gepaart mit Weisheit und Kraft.

eingeführt, damit sie sich nicht – im Augenblick erbarmungslos verdrängt – in späteren Generationen rächend durch die Hintertür schieben konnten, um dann nicht mehr zu kontrollierende Kräfte zu entwickeln. Das einst mörderische Gefolge dämonischer Gestalten wurde zu Dienern einer friedlichen Religion, sich auslebend hinter Masken im Theater des Spiels und im Sturm des Tanzes, im rituellen Schritt zum Rhythmus der Instrumente. Und dort, wo heute noch jeder Fremde und mancher Einheimische die Realität eines historischen Augenblicks sieht, bleibt für den eingeweihten Betrachter nur die symbolische Handlung der Auflösung – keinesfalls der Verdrängung – aller die geistige Befreiung bedrohenden Gifte ...

Die Tanzspiele der großen Klöster, in jedem der siebzehn Distrikte von Bhutan vertreten, gehören im Westen des Landes bereits zu den Touristenattraktionen und werden auch außerhalb der dafür bestimmten Festtage zu Ehren von Gästen aufgeführt. Dem europäischen Auge sind sie ein verwirrend herrliches Schauspiel.

Die Tanzkunst wird jedoch nicht nur für die Mysterienspiele in den Klöstern unterrichtet. Gerade in Bhutan hat auch der Volkstanz eine große Tradition und wird jetzt – auf Wunsch des Königs – vom Staat unterstützt, damit er auch in der Hauptstadt, die sich den Errungenschaften des 20. Jahrhunderts geöffnet hat, erhalten bleibt. Die bhutanesischen Männer tanzen mit einem Schwung, der seinesgleichen sucht – immer begleitet vom Rhythmus ihrer herrlichen Singstimmen. Sie üben in den Dörfern und in den Distriktzentren, den Dzongs, unter der gestrengen Leitung eines Tanzmeisters, der bei großen Spielen auch die Aufgabe des Choreographen übernimmt.

Wir konnten eine solche Tanzschule im Burghof in Tongsa beobachten: Der Tanzmeister steht in der Mitte, mit dem Peitschenstab den Takt schlagend; die Männer, diesmal im einfachen, wie immer hochgeschürzten Alltagsgewand, umkreisen ihn. Jeder Schritt der bloßen Füße, jede Bewegung ist sicher, durchschwingend und gekonnt. Kreuzweise gesetzte, stampfende Schritte werden zu Donnerkeilen, die alles Böse symbolisch in den Boden trampeln; sie entsprechen Schritten des Ritualtanzes. Nun folgt ein Reigen in verschlungenen Achterfiguren, die sich wieder auflösen: Es

Kraftbringende Schutzformeln in runder Mandalaform mit den acht Glückssymbolen. Sie können auch, ganz klein zusammengefaltet und verschnürt, in einem Amulett oder direkt als solches getragen werden.

ist der Rittertanz, der von Laien beim Geburtstag von Guru Rimpoché in Ritterrüstung aufgeführt wird und die rituellen Spiele einleitet. Der wirbelnde Höhepunkt des Ritterreigens ist der archaische Schwerttanz, der meist vom Dorfvorsteher vorgeführt wird. Er beginnt mit dem alten Kriegsschrei und kann auch – in der symbolischen Bedeutung des klassischen Schwertwetzens, -schwingens und -schlagens und im Blutwogenzauber – zweifach gedeutet werden: einst Ausdruck realer kriegerischer Gewandtheit, heute geistig-bildliche Schau, in der mit der Waffe Schwert einzig die Wolken der Unwissenheit durchschlagen werden.

Ein anderer alter Brauch, bei dem die Laientanzkunst besonders schön zum Ausdruck kommt, wird wohl bald auch in Bhutan verlorengehen. Es ist das «Eintanzen der Gäste», das wir in Tongsa Dzong noch mit seinem ganzen zauberhaften Charme erleben durften: Sobald die auf steilen Bergpfaden über Felsentreppen anreitende Gästekarawane vom Altan der Burg erspäht wird, ertönen zur Begrüßung die langen Klostertrompeten. Vor dem Burgtor steigen die Gäste vom Pferd und werden nun von den Gäste-Eintänzern empfangen, die ohne Masken, jedoch mit buntem, stets wippendem Kopfschmuck und den üblichen Tanzröcken aus verschiedenfarbigen Seidenstreifen auftreten. Der Kolonne der einziehenden Gäste tanzen sie den ganzen Weg voraus und befreien ihn symbolisch, aber unmißverständlich von allem Bösen. Mit jedem Schritt stampfen sie das Böse in die Erde, mit jeder Tanzbewegung und dem Klang der Glöckchen und kleinen Trommeln verscheuchen sie Dämonen, die dem Gast einen Harm antun könnten. So eilen sie tanzend voran, durch alle Höfe der Burg hindurch und hinaus durch das Tor über die Brücke bis vor die Tür des Gästehauses. Und kaum hat der Gast sein Quartier bezogen, kann er vom Fenster aus noch den Abschiedsreigen bewundern, der sein Wohlergehen, frei von bösen Einflüssen, sichern soll.

Die verschiedenen Volksgruppen und vor allem die verschiedenen Sekten und ihre Klöster haben sich entsprechende und doch im Detail unterschiedliche Traditionen, um durch Masken- und Tanzspiele das Fest des neuen Jahres zu feiern. Dieses beginnt nach dem Mondkalender mit dem ersten Neumond des neuen Jahres – nach

Ein Mandala von heiligen Buchstaben, umgeben von einem Donnerkeilkreis.

unserer Rechnung meist Anfang oder Ende Februar. Auch das Gründungsjubiläum des Klosters oder der Geburtstag des Sektengründers sind ein Anlaß zum Feiern, genauso wie die Ankunft eines erlesenen Gastes.

Für jedes Fest sind besondere Tanzspiele vorgesehen, die im Prinzip alle – wenn auch in unzähligen Variationen – den Sieg des Guten über das Böse verkünden. Dazwischen mahnen die Friedhof- oder Skelettänzer mit Totenkopfmasken daran, wie sehr alles Beseelte vergänglich ist und daß es deshalb gilt, so viele gute Taten wie nur möglich zu sammeln, um sich den Weg zu einem besseren künftigen Leben und zur endlichen Erlösung aus dem Rad der zwangsläufigen Wiedergeburten zu öffnen. Dies ist auch das Hauptthema des Totentanzes, den man beispielsweise im Schwanentempel nordwestlich von Bumthang noch in seiner Urform sehen kann.

Seite 69: In Bhutan ist – wie in ganz Zentralasien – das bronzene Feuerbecken für Holz oder getrockneten Yakmist die einzige Wärmequelle. Ist das Brennmaterial noch etwas feucht, füllt sich der kaminlose Raum schnell mit beißendem Rauch, der nur langsam durch die – im Winter mit Brettern verschlossenen – Bogenfenster abzieht.

Seiten 70 und 71: In Monggar Dzong, dem um 1930 im traditionellen Stil erbauten Distriktzentrum östlich von Bumthang, finden die Tempeltänze auf dem großen Vorhof statt. Das Mönchsorchester – mit den großen Stehtrommeln, Langhörnern, Flöten und Klangplatten – sitzt auf einer Matte, während zwei Laienmusikanten den Gong und die Urwaldtrommel schlagen. Die barfüßigen Tänzer – alles Männer – tragen Masken und bunte Flatterröckchen und schwingen dazu eine kleinere Version der Stehtrommel.

Seite 72: Die Gründung des Ngang Lhakhang, des Schwanentempels im Westen von Bumthang, wird mit einem Fest gefeiert, bei dem der Hauptlama auf einem weißen Pferd um den Tempel reitet, geleitet und festlich empfangen von den örtlichen Würdenträgern, die lange, weiße Schärpen über der Schulter tragen. Beim Fest im Kloster eilen Pilger aus der ganzen Region herbei, um den Mysterienspielen und Tänzen beizuwohnen.

Seite 73: Beim Gründungsjubiläum des Schwanentempels produziert sich ein Laientänzer mit gewaltigen Luftsprüngen.

Seite 74: Tongsa Dzong, deren erste massive Bauten 1648 errichtet wurden, ist die Stammburg der Könige von Bhutan. Im Bild der Treppenaufgang des später erbauten Westflügels mit seinen reichverzierten Türen, Fenstern, Balkonen und Galerien.

Seite 75: Schutzgottheit bei den Tanzspielen in Tongsa Dzong. Fünf Totenköpfe krönen die Tiermenschenfratze mit ihren mächtigen Reißzähnen. Trotz des furchterregenden Anblicks wirkt sie auf die Zuschauer beruhigend, richtet sich doch ihr grimmiger Aspekt nur gegen die Feinde des Glaubens.

Seite 76: Bhutanesische Musikinstrumente. Die einfache Muschelhorntrompete – die rechtsdrehende Spiralschale einer Meerschnecke (oben links) – wird wie die Schenkeltrompete (rechts) nur bei bestimmten rituellen Anlässen verwendet. Die große, in vergoldetes Silber gefaßte Muscheltrompete (unten rechts) ertönt schrill und laut – wie ein Aufruf zum ewigen Leben, während Tänzer mit Pfauenfederkronen die kleine Doppeltrommel schwingen (links).

Seite 77: Neben dem Mönchs- kommt auch dem staatlich geförderten Laientanz große Bedeutung zu. Dieser Tänzer stellt einen Ritter in vollem Waffenschmuck und mit rundem Stirnreif dar. Die Kostüme gehören zum Fundus des jeweiligen Klosters.

Seite 78: Die vom Buddhismus aus animistischen Traditionen übernommenen und zu Schutzgottheiten umgewandelten alten Dämonen und Götter mit ihren schauerlichen Fratzen erscheinen bei allen Mysterienspielen. Im Bild zwei in Details leicht voneinander abweichende Masken.

Seite 79: Zwei besonders schöne Varianten der Totenkopfmasken von «Friedhoftänzern», die an die Vergänglichkeit des Lebens und an die Wiedergeburt erinnern und mit ihren rotkralligen Skeletthänden zu guten Taten aufzufordern scheinen.

Seite 80: Im Klosterhof in der Hauptstadt Thimphu demonstrieren Laientänzer ihr gewaltiges Sprungvermögen. In ihren bunten, kniehoch gerafften Röcken springen sie aus dem Stand hoch und klappen dabei zusammen, so daß der Kopf manchmal die Füße berührt.

Die Krönung des jüngsten Königs der Welt

Im Juli 1972, unmittelbar nach dem Tod seines Vaters, des bhutanesischen Königs Jigme Dorje Wangchuck, wurde Jigme Singye, der Furchtlose Löwe, in einer schlichten Zeremonie im Gartenpalast von Thimphu Dzong als Nachfolger auf dem Drachenthron bestätigt. Die zweite, nichtöffentliche Königsweihe fand dann in der ehemaligen Winterresidenz Punakha Dzong statt. In dieser Zeremonie segnete der Hauptlama der bhutanesischen Dukpa-Sekte den jungen König mit der fünffarbigen königlichen Schärpe, deren Regenbogenfarben die Quintessenz aller Daseinsfaktoren und die Fünf Weisheiten symbolisieren. Das Datum der dritten, öffentlichen Krönung, ein Volksfest für alle Bhutanesen, wurde sorgfältig nach astrologischen Aspekten vorausbestimmt, und es fiel ausgerechnet in die regenreiche Monsunzeit Anfang Juni 1974. Das war für die ausländischen Ehrengäste, die die Aussicht auf Nebelschwaden, Platzregen und Festzüge unter Regenschirmen schreckte, ein eher beängstigender Termin. Ihre Befürchtungen wurden jedoch von den Einheimischen mitnichten geteilt und nur mit einem geheimnisvollen Lächeln bedacht. Sie vertrauten ihren «Wetterlamas», die – mit magischen Kräften begabt – die Regengeister zur rechten Zeit vertreiben würden. Und – für Fremde kaum glaublich – so kam es auch.

Pünktlich zum ersten Tag der Krönungszeremonie waren alle Wolken verschwunden, und während der ganzen Festtage schien eine wärmende Sonne am makellosen Himmelszelt. Das Volk – in extra neuangefertigte Festgewänder gekleidet – strömte aus allen Teilen des Landes herbei. Die Gäste waren in für den Anlaß in bhutanesischem Stil neuerbauten Häusern untergebracht. Im feierlichen Zug der Lamas, die mit den Siegesbannern des Buddhismus und glückverheißenden Symbolen aufmarschierten, entfaltete sich der ganze Zauber ältester Tradition, ebenso wie bei den Laientänzen und Mysterienspielen.

Doch auch bei dieser Gelegenheit zeigte sich die Fähigkeit der Bhutanesen, Altes und Neues harmonisch und nutzbringend zu verbinden: Die für die Krönungsfeierlichkeiten erbauten Gästehäuser waren so geplant und eingerichtet, daß sie anschließend für den staatlich geförderten Ausbau des Tourismus genutzt werden konnten.

Seite 83: Am ersten Tag der Krönungszeremonie für den 1955 geborenen Löwenkönig, Jigme Singye, zieht die feierliche Prozession der Lamas mit Siegesbannern und glückverheißenden Symbolen gemessenen Schrittes vom Königspalast zur Burg der Hauptstadt Thimphu. Die vier Glückstage für die Zeremonie wurden astrologisch vorausbestimmt, und trotz der Monsunzeit herrschte tatsächlich schönstes Sommerwetter.

Seite 84, links: Auf dem Dach von Thimphu Dzong begrüßen Dukpamönche mit Langhörnern, Flöten und den Rundbannern, den Siegesstandarten des Buddhismus, die einziehende Prozession der Lamas.

Seite 84, rechts: Mit einem Kopfschmuck aus Blätterkränzen marschieren die Angestellten des königlichen Haushalts zum Krönungsplatz.

Seite 85: Die Kapelle der königlichen Garde spielt in der traditionellen Uniform mit Ohrenklappen-Helm, aber mit modernen Klarinetten zum Fest auf.

Seite 86: Dukpamönche im Festtagsornat und mit dem charakteristischen Hut tragen im feierlichen Zug die glückverheißenden Symbole in den Festhof im Kloster, wo sich die Novizen in erwartungsvollem Halbkreis niedergelassen haben.

Seite 87, links: Die Familie des jungen Königs sitzt an Ehrentischchen: in türkisfarbener Bluse die Königinmutter Kälzang, rechts von ihr ihre Mutter und die zweite Witwe des königlichen Großvaters, links die beiden Schwestern von Jigme Singye, Sönam und Kälzang, sowie sein Stiefonkel.

Seite 88, rechts: König Jigme Singye, der Furchtlose Löwe, während der Krönungszeremonie am 2. Juni 1974 auf dem Drachenthron.

Seite 89: Die strahlende Königinmutter Kälzang mit ihren Töchtern Sönam – der älteren der beiden Prinzessinnen –, rechts, und Kälzang, links, die beide in koordinierenden Regierungsstellungen tätig sind. Die schwere Halskette der Königinmutter zeigt die glückbringenden Türkise und Korallen sowie vor allem die legendären Zhi-Steine: gebänderte Achate, die in ganz Zentralasien hochbegehrt sind und jeweils an die älteste Tochter weitervererbt werden.

Seite 90: Nach den zahllosen Zeremonien erholt sich der junge König beim Bogenschießen.

Seite 91: Einer der feierlichsten Augenblicke bei religiösen Zeremonien in Bhutan: die riesige Appliqué-Thanka mit dem Bildnis von Padmasambhava oder Guru Rimpoché, dem «Kostbaren Lehrer», wird an der Tempelwand entrollt. Diese Thanka wurde von Mönchen in jahrelanger Arbeit eigens für die Krönungszeremonie angefertigt, um den Festakt unter den Schutz des großen nordwestindischen Missionars zu stellen und an seine Reise durch Bhutan, das Land der Mön, zu erinnern.

Bhutan zwischen Gestern und Morgen

Die theokratische Herrschaft von Zhabdung I. (1594–1651) vererbte sich nach seinem Willen in Inkarnationen, bei denen allerdings die geistliche und die weltliche Macht nicht mehr vereint waren. Die geistliche Leitung hatte der Dharma-Raja, die weltliche der Deb-Raja. Ab 1616 bis zum Ende des 19. Jahrhunderts konnte Bhutan seine Unabhängigkeit erfolgreich wahren – abgesehen von gelegentlichen, immer wieder zurückgeschlagenen Einfällen im Norden und manchmal eskalierenden Scharmützeln an der Südgrenze. Zwischen dem Besuch der beiden portugiesischen Missionare um 1626 und dem Jahr 1921 gelang es insgesamt nur zwölf – britischen – diplomatischen Missionen, Bhutans Hauptstadt zu besuchen.

Angefangen von G. Bogle, der 1774 eintraf, schwärmten alle Besucher von der Gastfreundschaft der Bhutanesen. Nur R. B. Pembertons militärische Expedition, die die östlichen Himalayarouten erforschen sollte, endete kläglich, jedoch – ganz nach dem Sinn der diplomatischen Bhutanesen – friedlich. Denn uneingeladen, wie Pemberton kam, fand er weder Wegweiser noch Nahrung. Er wurde zwar nicht behindert, doch man gab ihm nur die allerschwierigsten Wege und Routen an, so daß der Expeditionstrupp nach endlosen Irrmärschen erschöpft umkehren mußte.

Als sich dann nach den Chroniken die Zhabdung-Inkarnationen zu Ende des 19. Jahrhunderts nicht mehr «verwirklichten», riß der mächtigste der Burgherren und Distriktsfürsten, Urgyän Wangchuck von Tongsa Dzong, die Macht an sich. Er fand beim Volk Unterstützung und Anerkennung und wurde so zum Begründer der heutigen Dynastie. Der geborene Diplomat und Politiker mit erstaunlichem Weitblick arrangierte sich mit den Briten als der damals beherrschenden Kolonialmacht in Asien.

Als Berater der britischen Expedition, die über Sikkim bis zur tibetischen Hauptstadt Lhasa vorstieß, konnte er den Ausbruch größerer Feindseligkeiten verhindern und wurde dafür später geadelt. Er war eng mit dem britischen Repräsentanten von Sikkim, Sir Charles White, der in Gangtok residierte, befreundet und lud ihn 1905 nach Bhutan ein. Bei seinem dritten Besuch im Land des Donnerdrachens, 1907, nahm dieser an der feierlichen Krönung Sir Urgyän Wangchucks teil. Und 1910 war er maßgeblich am Abschluß des Vertrags beteiligt, mit dem – unter dem Vorbehalt der gegenseitigen Verständigung in außenpolitischen Angelegenheiten – die Briten die Unabhängigkeit Bhutans anerkannten und – in Südasien ein einmaliger Fall – auf die Errichtung einer eigenen Residenz verzichteten. Der Sitz der Residenz blieb in Gangtok, der Vertreter der britischen Krone konnte Bhutan nur auf Einladung besuchen ... (Mit der Unabhängigkeit Indiens, 1949, trat der große südliche Nachbar die Nachfolge als Partner in diesem Vertrag an.)

König Urgyän starb 1926; sein Sohn und Nachfolger Jigme regierte bis 1952. Dessen Sohn Jigme Dorje Wangchuck sollte in den zwanzig Jahren seiner Herrschaft zum Vater des modernen Bhutan werden. Nach einem glücklich überstandenen Attentat übernahm er 1967 selbst die Leitung der Regierungsgeschäfte und öffnete sein Land der neuen Zeit, indem er ihm die noch heute gültige Staatsform gab. Danach ist Bhutan eine konstitutionelle erbliche Monarchie mit siebzehn Distrikten und einer Nationalversammlung, Tshongdu, von deren 150 Mitgliedern 100 von Wahlkreisvertretern gewählt werden. Zehn Sitze werden durch Lamas, vierzig vom König mit hohen Beamten besetzt. Die Regierungsgeschäfte führen ein Ministerrat und ein Königlicher Beraterstab. Mit dieser Organisation ist sichergestellt, daß die nach Sippen beziehungsweise Dörfern gegliederte uralte Sozialstruktur der Bhutias weiterhin Bestand haben wird.

1968 hatte König Jigme Dorje auf sein Vetorecht verzichtet; und 1969 schuf er die verfassungsmäßige Möglichkeit, einen dem Volkswohl zuwiderhandelnden König abzusetzen. Im Mai 1972 setzte er – vielleicht in Vorahnung des nahen Todes – den 1955 geborenen Jigme Singye offiziell als Kronprinzen ein. Nach dem Hinschied im Juli desselben Jahres wurde Jigme Dorjes vom Volk beweinter Leichnam im Tempel des Buddhas der Zukunft, in Bumthang, feierlich eingeäschert.

Hier lebt also in siebzehn Distrikten mit dem jeweiligen Dzong als religiösem und administrativem Zentrum ein Himalayavolk, dessen knapp 1,2 Millionen Menschen fünfzehn verschiedene Dialekte beziehungsweise Sprachen sprechen, die sich in

Mantra-Glücksformeln mit dem doppelten Donnerkeil – in der Mitte der heilige Laut HUM mit der Bedeutung, daß sich der göttliche Segen auf Erden verwirklichen möge.

den abgeschiedenen Hochtälern erhalten haben. Sechs dieser Dialekte gehören zum Dzongkha, der Amts- oder besser «Burgen-Sprache», die in allen obligatorischen Schulen unterrichtet wird; daneben sind Hindi und Englisch Pflichtfächer.

Paßstraßen erschließen heute das Land von Süden nach Norden und Westen nach Osten. Sie sind das sichtbarste Ergebnis der von Indien unterstützten Fünfjahrespläne. Ab 1983 verbindet die «Dragon Airline» Bhutan mit Kalkutta – wobei der Direktflug während der sommerlichen Monsunstürme vermutlich des öftern ausfallen wird. Seit 1962 ist Bhutan Mitglied des Colombo-Plans, seit 1971 der Uno und ab 1983 der Unesco. 1968 wurde die Bank von Bhutan gegründet, und 1969 trat das Land dem Weltpostverein bei.

Zäh und treu am Alten hängend, halten die Bhutanesen dennoch die Augen offen und können das ihnen Nützliche schnell in geeigneter Weise adaptieren. Ein Beispiel dafür ist die Entwicklungshilfe: Als China Tibet besetzte und die Grenze zu Bhutan hermetisch abriegelte, gingen wichtige traditionelle Weidegründe verloren. Die Hirten begannen deshalb die Wälder ihrer Heimat abzubrennen, um die Weideflächen auszuweiten, was in größerem Umfang – wie das Beispiel Nepals zeigt – verhängnisvolle Folgen zeitigt. Doch in aller Stille bahnte sich nützliche Hilfe an. F. und M. Schulthess, Schweizer Freunde des Königs, die die Gefahr rechtzeitig erkannten und mit den Bedingungen der schweizerischen Alpwirtschaft vertraut waren, begannen privat mit ersten land-und forstwirtschaftlichen Projekten, um zu zeigen, wie die Wälder erhalten und der Ertrag der Viehzucht trotzdem erhöht werden konnte. Das erste Projekt wurde 1967 im rund 3000 Meter hoch gelegenen Gogona lanciert, heute führen es die Einheimischen selbst weiter. Später wurde die Stiftung «Pro Bhutan» gegründet. Mit dem Anwachsen der Aufgaben wurde schließlich die administrative Leitung der bhutanesischen Projekte der «Helvetas», dem Schweizer Aufbauwerk für Entwicklungshilfe, übertragen. Dem geistigen und praktischen Testament des Königs, das Gute der Tradition mit dem Gedeihlichen der Neuzeit zu verbinden, versuchen der junge König und alle Bhutanesen bis heute nachzuleben.

Seite 95: Der dem Buddha der Zukunft geweihte Maitreya-Tempel im Tal von Bumthang gilt – neben dem Kyichu Lhakhang von Paro – als ältester buddhistischer Tempel im Südosthimalaya und soll von tibetischen Mönchen im 7. Jahrhundert gegründet worden sein. Ursprünglich möglicherweise nur ein kleines, durch Chörten bezeichnetes Heiligtum, wurde er im Lauf der Jahrhunderte zur beliebtesten Kremationsstätte ausgebaut. Denn im waldreichen Bhutan ist die tibetische «Himmelsbestattung», bei der die Leichen den Geiern vorgeworfen werden, nicht üblich; hier werden die Toten in einer feierlichen Zeremonie verbrannt. Der viereckige sogenannte Kremationschörten im Bild ist aus leichten Bambusmatten erbaut. Masten mit Gebetsfahnen säumen die Verbrennungsstätte, während Krähen auf die Abfälle des anschließenden Totenmahls warten.

Seiten 96 und 97: Bilder von der Kremationszeremonie. Jede Sekte hat ihr eigenes Zelt, nach den vier Weltrichtungen orientiert, aufgebaut; die Mönche blasen Langhörner und Trompeten, murmeln Texte aus dem Totenbuch, bereiten geweihte Totenspeisen vor und halten symbolische Kuschagrasbüschel für die Zeremonie bereit. Am astrologisch bestimmten Tag wird dann der Kremationschörten mit dem hockend aufgebahrten Leichnam verbrannt (ganz rechts). Das gelbe Tuch an der Bambuswand trägt den Schriftzug Urgyän Rimpoché (Padmasambhava).

Seiten 98 und 99: Von weither strömt das Volk, um an den Kremationsfeierlichkeiten teilzunehmen, da es sich um die Einäscherung eines Oberlamas handelt, der seinen Tod sowie Zeit und Ort der Verbrennung selbst vorausbestimmt hat. Und genau wie vorausgesagt, erscheint denn auch ein Regenbogenkreis um die Sonne – und dann regnet es während Tagen ohne Unterlaß. Nach der Einäscherung sind alle Trauergäste zum Totenmahl geladen.

Seiten 100 und 101: Szenen, die noch nicht oft fotografiert wurden: Nach der Kremation des Oberlamas wird seine Asche in den Fluß gestreut, zum Teil aber auch mit Lehm vermischt und zu kleinen, chörtenartigen Kegeln, den Tza-Tza, geformt, die man ebenfalls dem Wasser anvertraut oder als Reliquien in den Schreinen geweihter Chörten aufbewahrt.

Seite 102: Ein Mönch hält einen kleinen bronzenen Totenschädel, der bei tantrischen Riten und Tänzen als Ritualgefäß dient.

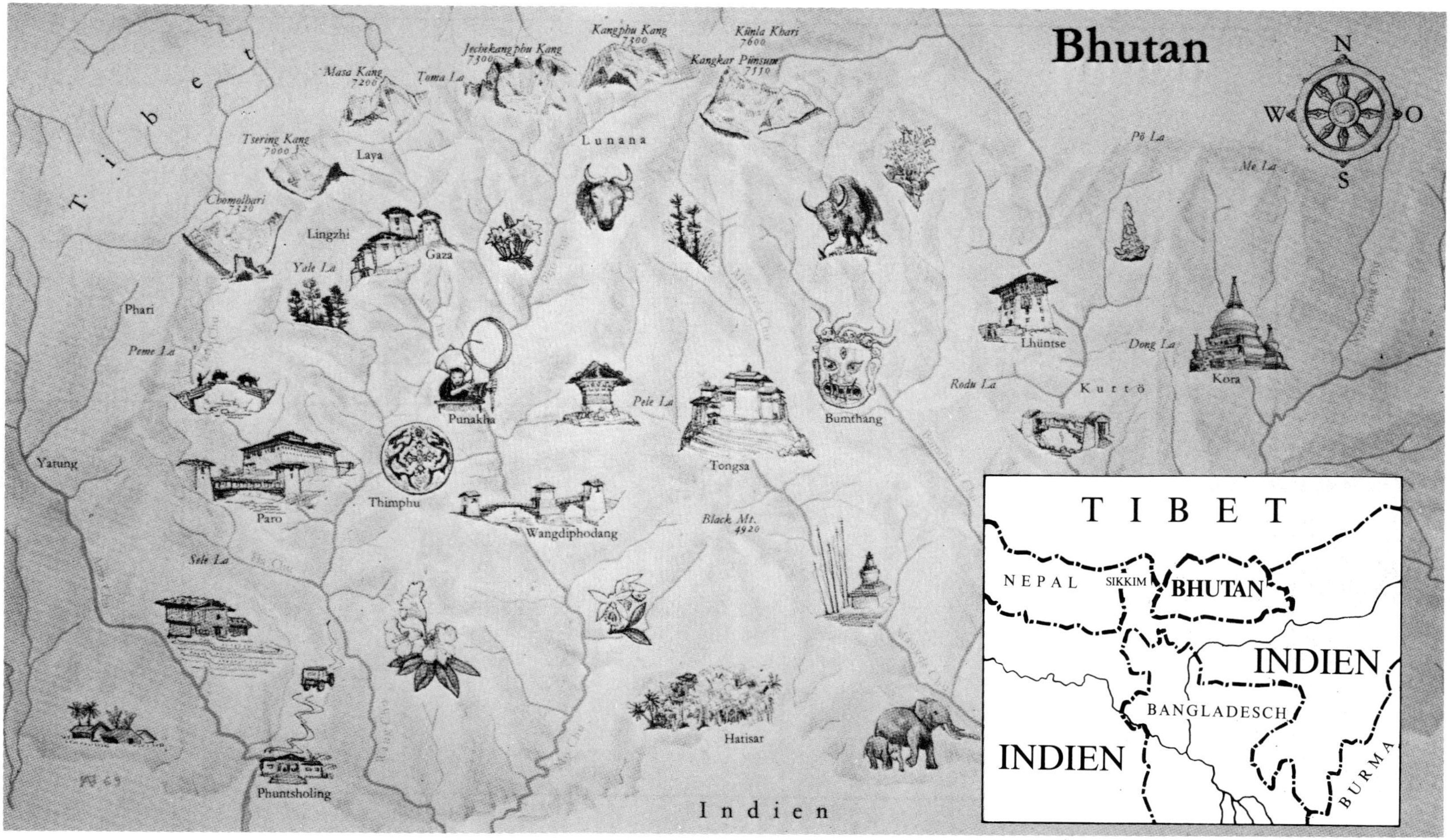

Bhutan oder Duk Yül, das «Land des Donnerdrachens», ist eine konstitutionelle Monarchie mit rund 1,2 Millionen Einwohnern. Staatsreligion ist der Mahayana-Buddhismus der Dukpa-Kagyüpa-Schule. Dzongkha, die «Burgensprache», ein Dialekt der tibeto-burmesischen Sprachfamilie, ist Amts- und Schulsprache. Die Währungseinheit ist der Nu (Ngultrum), ein Nu entspricht einer indischen Rupie. Das 46,6 Quadratkilometer große Land grenzt im Norden an China beziehungsweise Tibet, im Westen, Süden und Osten an Indien.

Inhalt

5 Felsenklöster und Burgen

21 Das Land des Mahayana-Buddhismus

41 Am Fuß der Gletscherriesen

61 Die Magie des Tanzes in Bhutan

81 Die Krönung des jüngsten Königs der Welt

91 Bhutan zwischen Gestern und Morgen

103 Karte Bhutans

QUELLENVERMERK ZU DEN ABBILDUNGEN

AUGUSTO GANSSER: *Seiten 9 links, 11, 13 rechts, 17 rechts, 40–60 sowie Umschlagrückseite und Kartenskizze Seite 103.* FRANCESCA GANSSER: *Seite 74. Alle andern Fotos stammen von* URSULA MARKUS-GANSSER.

TEXTABBILDUNGEN: *Widmung auf Seite 2: Kalligraphie von Tsenshab Rimpoché; alle andern sind Reproduktionen von Holzdrucken auf Pflanzenfaserpapier, wie sie im Blockdruckverfahren in Himalayaklöstern hergestellt werden. Die ikonographischen Darstellungen der acht Weisen des Mahayana-Buddhismus stammen aus:* rGyan-Drug mChog-gNyis, *Institute of Tibetology, Gangtok (Sikkim) 1962.*

Für umfassende bibliographische Angaben siehe: BLANCHE C. OLSCHAK, Ancient Bhutan – A Study on Early Buddhism in the Himalayas, *beschränkte englische Ausgabe mit großer Karte, herausgegeben von der Schweizerischen Stiftung für Alpine Forschungen, Zürich 1979.* AUGUSTO GANSSER, *«Der Bhutan-Himalaya», in:* Die Alpen, *Bern 2/1983, und* Geology of the Bhutan Himalaya, *Denkschriften der Schweizerischen Naturforschenden Gesellschaft Band 96, Basel 1983.*

HINWEIS ZUR TRANSKRIPTION

Die einheimischen Namen sind in einfacher, international üblicher phonetischer Schreibweise wiedergegeben, die nur ein Annäherungswert sein kann. Die wenigen auch in den populären Sprachgebrauch eingegangenen Sanskritworte sind ohne diakritische Zeichen gesetzt.

ch = tsch, j = dsch, ph = p-h, sh = sch, tsh = ts-h.

Hintersatz, Seite 1: Kostbare Appliqué-Thanka mit dem Porträt eines der «Vier Könige» oder Beschützer der Weltgegenden. Charakteristisch sind der prächtige Kopfschmuck und der große Ring im linken Ohrläppchen.

Hintersatz, Seiten 2 und 3: Kosmische Mandalas (vgl. Erläuterungen bei der Legende für das Vorsatzblatt).